PROF, MISSION IMPOSSIBLE ?

Collection *Monde en cours*
Série *La petite boîte à outils*

Dans la même série :

Jean Viard, *Un nouvel âge jeune ? Devenir adulte en société mobile*

Ismail Ferhat, *Des discriminations sous-estimées ? Les musulmans en France*

Julien Damon, *Inconfinables ? Les sans-abri face au coronavirus*

Adeline Hazan, Adrien Taquet, *La prison : alpha et oméga de la punition ?*

Chloé Morin, Daniel Perron, *Être vieux : relégation ou solidarité ?*

Denis Maillard, *Indispensables mais invisibles ? Reconnaître les travailleurs en première ligne*

www.editionsdelaube.com

ISBN 978-2-8159-4489-2

Iannis Roder
Avec le concours de Jérôme Fourquet,
François Kraus et Jérémie Peltier

Prof,
mission impossible ?

Préface de Michaël Delafosse

éditions de l'aube
fondation jean-jaurès

Préface
De la nécessité de faire corps

Transmettre, voilà ce qui guide mon engagement en tant que professeur d'histoire-géographie. Maire de Montpellier élu en 2020, j'ai tenu à garder une charge d'enseignement et je poursuis ainsi mes cours auprès d'élèves de quatrième. Cette nécessaire mission de transmission accompagne l'éveil des consciences et permet d'offrir aux élèves un héritage, celui de la connaissance, de la formation à l'esprit critique, des grands idéaux républicains. Nous nous devons de la protéger.

L'enseignement est ce magistère du temps long qui façonne notre société. L'école républicaine assure à chaque enfant le droit inaliénable à l'éducation qui permet à tous de s'émanciper, de faire société, qui participe au vivre-ensemble. Cette capacité offerte par l'école républicaine, nous la devons à celles et ceux, dont il faut saluer l'engagement, qui œuvrent au quotidien dans les salles de cours de France. Ces hommes et ces femmes sont les piliers de notre République, ils incarnent l'autorité bienveillante qui contribue à bâtir le futur de nos enfants, de notre pays. Pour cela, hommage doit être rendu à ce métier si beau, et pourtant si peu attractif car trop souvent déconsidéré. La France peine à mesurer la chance qu'elle a d'avoir ses professeurs. Durant le confinement, nombreux sont ceux qui ont usé de trésors d'imagination pour conserver l'indispensable lien avec les élèves. Nombreux sont ceux qui inventent, se réinventent, chaque année, pour offrir un chemin de connaissance à chaque enfant, quel qu'il soit. Nombreux sont ceux qui, sourds à la vulgarité de l'époque, avec exigence, luttent pour ouvrir les jeunes imaginaires aux trésors de notre culture et aux valeurs de notre République.

Parmi ces valeurs, il en est une dont l'importance nous a été cruellement rappelée par l'assassinat de Samuel Paty, celle de la laïcité. Le corps enseignant, tel qu'on l'évoque souvent, renvoie à une réalité sensible, celle d'un organisme vivant. Avec cet acte ignoble, c'est l'ensemble de ce corps enseignant qui a été touché au cœur. La laïcité est ce principe de concorde célébré par la loi de 1905, elle est un acte de confiance dans l'esprit critique de chaque enfant qui grandit. La loi divine, jamais, ne doit être supérieure à la loi de la République. Le revendiquer ne devrait pas être un risque, défendre la laïcité ne devrait pas être un acte de courage. Pourtant je lis qu'aujourd'hui des professeurs s'autocensurent, et les jeunes générations d'enseignants plus encore. Par essence, la laïcité est cette valeur de tolérance et de respect de l'autre, héritière des Lumières, fondatrice de l'esprit critique, qui participe de l'émancipation des hommes et des femmes. En tant que professeurs, il est de notre devoir de la faire vivre, pour préserver le vivre-ensemble.

Cet ouvrage nécessaire met en lumière la situation actuelle du corps enseignant en France aujourd'hui, en dressant un panorama objectif, basé sur des chiffres parlants. Il doit nous amener à une prise de conscience. Il nous faut être fermes dans notre mission d'enseignant : s'accommoder avec les principes, c'est déjà renoncer un peu, c'est faire reculer la République et la liberté. Avec courage, nous devons porter haut les valeurs de la République, nous dresser comme un rempart contre l'obscurantisme. Pour mener ce combat, nous devons faire corps, pour lutter efficacement, ensemble, et être à la hauteur de notre époque.

Michaël Delafosse
professeur d'histoire-géographie,
maire de la Ville de Montpellier,
président de Montpellier
Méditerranée Métropole

Introduction

L'école est un sujet qui ne cesse d'occuper les colonnes des journaux. La baisse de niveau des élèves, la ghettoïsation scolaire, les réformes, les contestations de réformes, les problèmes de recrutement des enseignants, les niveaux de rémunération de ceux-ci sont autant de sujets souvent traités par la presse. Elle est le lieu qui cristallise les discours sur les inégalités sociales, qui peut témoigner des difficultés d'un quartier ou d'une ville, mais aussi dont la fermeture, totale ou partielle lors des différents confinements, a montré les fractures qui affectent les quartiers où vivent les classes populaires. Régulièrement publicisées quand la violence de la société s'y invite, les difficultés qu'elle rencontre témoignent de cette vision de l'école comme espace de tensions qui traversent l'opinion publique. Depuis les attentats contre *Charlie Hebdo* et la prise de conscience que les élèves nous disaient quelque chose des dynamiques à l'œuvre dans une partie de la société française, l'école est encore davantage devenue un enjeu. Jamais, depuis la loi de 1905, la question de la laïcité et de son corollaire, les valeurs de la République, n'avait autant été débattue et questionnée. Ce constat en dit long sur la place qu'occupe nécessairement l'école dans ces débats.

Mais l'école, lieu de la formation citoyenne, lieu de transmission de ce qui fait notre socle républicain, a été attaquée. Un professeur a été tué puis décapité par un terroriste islamiste, alors qu'il rentrait chez lui après avoir fait un cours sur la liberté d'expression. Même si les discours les plus radicaux, qui s'en prennent régulièrement à l'école, cet espace d'ouverture au monde et d'édification des jeunes français, laissaient présager un passage à l'acte, ce terrible choc a secoué toute la société française. Le regard s'est alors porté sur les enseignants et sur leur métier.

De fait, si l'école est très largement interrogée et auscultée, les enseignants, les professeurs de la République qui travaillent au quotidien avec les élèves, qui sont directement au contact des maux de notre société, sont moins souvent regardés par les commentateurs.

La Fondation Jean-Jaurès et l'Ifop ont voulu se pencher sur les professeurs de manière à proposer un état des lieux. Ce modeste ouvrage offre ainsi un regard sur le monde enseignant, objet d'une grande enquête réalisée en décembre 2020[1]. Il nous a semblé intéressant de nous pencher sur

---

1. « Observatoire des enseignants : les contestations de la laïcité et les formes de séparatisme religieux à l'école », enquête réalisée par l'Ifop pour la Fondation Jean-Jaurès par questionnaire auto-administré en

ces enseignants afin d'examiner, tout d'abord, s'ils forment toujours le corps uniforme que nous imaginons parfois, pour savoir si la matrice enseignante fonctionne encore. Leurs propres perceptions de leurs conditions de travail et leur rapport à celui-ci constituent le deuxième point de cette étude. La suite de l'ouvrage nous plonge dans des débats très actuels car elle aborde la question religieuse. Nous nous intéressons dans la troisième partie au rapport des enseignants à la religion, mais aussi à la laïcité pour, ensuite, dans le dernier temps, voir en quoi l'école constitue cette interface entre la société et la République, ce lieu de confrontation entre les dynamiques politiques et sociales à l'œuvre et le socle républicain sur lequel s'est construite notre démocratie, les professeurs étant les témoins directs de ces contacts.

---

ligne du 10 au 17 décembre 2020 auprès d'un échantillon de 801 enseignants des premier et second degrés en France métropolitaine.

Prof, mission impossible ?

Cet ouvrage, synthèse de cette enquête parue en quatre temps entre janvier et juillet 2021 sur le site de la Fondation Jean-Jaurès, doit beaucoup à Jérôme Fourquet (partie 1) et François Kraus (parties 3 et 4) de l'Ifop ainsi qu'à Jérémie Peltier (partie 2), directeur des études de la Fondation Jean-Jaurès. Qu'ils en soient ici chaleureusement remerciés.

Les enseignants : une population culturellement moins homogène aujourd'hui[1]

L'affaiblissement de la matrice enseignante

Si le monde enseignant a gardé tout son poids numérique dans la société française, les effectifs étant passés de 808 000 en 1990 à 866 000 en 2019[2],

1. Ce chapitre est tiré d'une note de Jérôme Fourquet, *Les Enseignants : une population culturellement moins homogène et électoralement plus diverse*, Paris, Fondation Jean-Jaurès, février 2021.
2. « Les chiffres clés du système éducatif », site du ministère de l'Éducation nationale, de la Jeunesse et des Sports, septembre 2020.

il a perdu de son homogénéité sociologique, culturelle, syndicale et politique. Les professeurs ne constituent plus un bloc aussi cohérent que par le passé. En 1992, la toute-puissante Fédération de l'Éducation nationale (FEN), qui avait été un acteur syndical et politique de premier plan depuis l'après-guerre, éclatait en deux organisations, la Fédération syndicale unitaire (FSU) et l'UNSA Éducation.

Des enseignants de moins en moins syndiqués

Les enseignants demeurent l'une des professions les plus syndiquées, mais le taux de syndicalisation a nettement reflué puisqu'il est passé de 45 % au début des années 1990[1] à 30 % aujourd'hui. Ce reflux traduit une hétérogénéité de ce groupe social, dont les références culturelles et les modes de

1. Dominique Andolfatto et Dominique Labbé, *Les Syndiqués en France (1990-2006)*, Rueil-Malmaison, Éditions Liaisons, 2007.

vie ne sont plus aussi monolithiques que par le passé. De fait, si toutes les autres catégories d'âge présentent un taux de syndicalisation supérieur ou égal à 30 %, les enseignants de moins de 30 ans font preuve d'un éloignement des engagements syndicaux et donc, peut-être, d'un moindre sentiment de corps, puisqu'ils ne sont que 18 % à adhérer à un syndicat. C'est dans le premier degré que les enseignants sont le moins syndiqués (26 %) contre 34 % dans le second degré[1].

Le recul de la Maif, témoin de l'érosion de l'identité professionnelle

Parallèlement aux syndicats, d'autres organismes avaient été créés par et pour les enseignants, renforçant et nourrissant un sentiment d'appartenance et une identité propre. C'est le cas

1. Les chiffres avancés ici proviennent du sondage Ifop pour la Fondation Jean-Jaurès et *Charlie Hebdo*, « Observatoire des enseignants… », *op. cit.*

notamment de l'assureur Maif. 39 % des enseignants sont aujourd'hui adhérents à la « mutuelle des profs » pour leur assurance habitation. Dans l'absolu, ce chiffre indique une forte pénétration de cette clientèle par la Maif, mais quand on connaît les liens historiques et organiques entre la mutuelle et le monde enseignant, cette part de marché n'est pas si exceptionnelle que cela. Le choix de la Maif n'est plus automatique et l'acteur historique et hégémonique est aujourd'hui concurrencé par d'autres opérateurs, notamment des mutualistes (la Macif, MMA et la Maaf détenant 21 % du marché de l'assurance habitation des enseignants). Les professeurs de plus de 50 ans restent attachés à l'assureur historique à plus de 50 %, avec un maximum à 70 % pour les plus de 60 ans. En revanche, la diversification de l'offre et la facilité de comparaison et d'adhésion offerte par Internet entraînent un éparpillement des affiliations, notamment chez les plus jeunes enseignants, qui ne sont que 27 % à avoir la Maif comme assureur. Celle-ci résiste mieux dans le premier degré (46 %) que dans le second (34 %).

En 1947, la Coopérative des adhérents de la Maif, la fameuse Camif, avait été créée pour proposer aux enseignants des biens d'équipement et d'autres produits à prix compétitifs. Elle était ainsi devenue un puissant acteur de la vente par correspondance en s'appuyant sur cette clientèle particulière. Mais, signe de l'effritement de cette forte matrice identitaire professionnelle, qui se déclinait jusque dans l'univers de la consommation, la Camif a été placée en liquidation judiciaire en 2008. Les nouvelles générations d'enseignants ne se tournaient plus vers le fameux catalogue, qui disparaissait peu à peu des références culturelles de consommation. La Camif renaît néanmoins de ses cendres en 2009 en étant reprise par le groupe Matelsom. Baptisée désormais Camif Matelsom, elle propose un équipement durable et *made in France* pour la maison à une clientèle grand public, et plus seulement enseignante.

France Inter, « la radio des profs » ?

La diversité croissante du monde enseignant se lit également dans sa consommation de médias. Quand 11 % des enseignants n'allument pas la radio le matin, France Inter et France Info sont les deux stations les plus écoutées à ce moment de la journée (par respectivement 14 % et 11 % des enseignants). Mais ces deux radios du service public ne sont pas hégémoniques parmi les enseignants, même si le groupe Radio France (à France Inter et France Info il convient d'ajouter France Culture, Fip, France Musique et France Bleu) cumule 35 % d'écoute, soit plus d'un professeur sur trois. 7 % préfèrent par exemple RTL, la même proportion NRJ et 6 % RTL2, antennes aux programmes assez différents de ceux de France Inter et de France Info.

Les nouvelles générations de plus en plus éloignées d'une identité professionnelle homogène

D'une manière générale, l'analyse de ces différents aspects de la culture enseignante indique que, si les générations les plus âgées (les 50 ans et plus) demeurent assez influencées et structurées par la matrice enseignante, leurs jeunes collègues en sont nettement moins imprégnés et cultivent des liens plus distants avec cette culture et cette identité professionnelles. Nous l'avons vu pour ce qui touche à la syndicalisation mais, au-delà de cet engagement syndical, la distance des jeunes professeurs aux « réflexes » culturels enseignants se vérifie par ailleurs, comme le montrent les deux graphiques suivants. Le taux d'adhésion à la Maif varie ainsi du simple au double entre les moins de 30 ans et les 50 ans et plus, et les écarts sont également très importants concernant l'écoute matinale de France Inter et France Info. Il est ainsi intéressant de noter que la radio NRJ est écoutée par 18 % des enseignants de moins de 30 ans, soit par près d'un sur cinq, à peu de chose près la même proportion que ceux qui choisissent France Inter (12 %) et France Info (8 %) cumulées. C'est toutefois la tranche des 30-39 ans qui écoute le moins ces deux radios (17 %) : presque deux fois moins que les plus de 50 ans.

Proportion d'enseignants ayant souscrit leur assurance habitation à la Maif

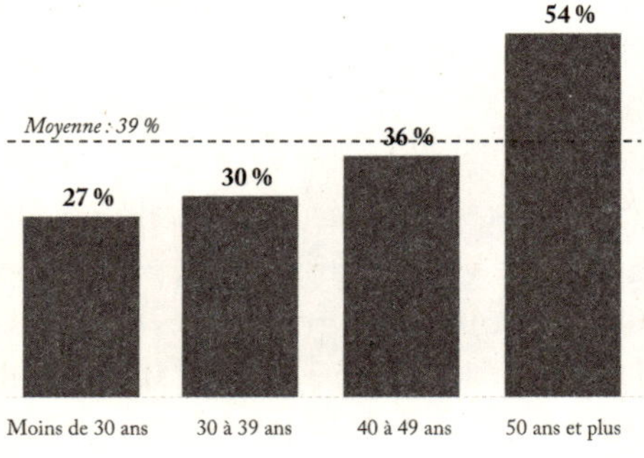

Source : *enquête « Observatoire des enseignants… »*, op. cit.

Proportion d'enseignants écoutant France Inter ou France Info le matin

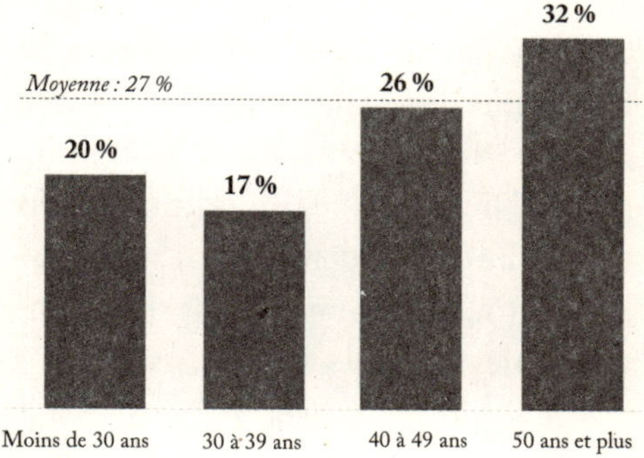

Source : enquête « Observatoire des enseignants… », op. cit.

On peut penser qu'au gré du renouvellement générationnel, cette identité enseignante jadis si prégnante va continuer de se déliter de manière croissante et le corps enseignant pourra de moins en moins être pensé et représenté en un corps professionnel culturellement cohérent. Les générations les plus âgées encore en activité dans le premier degré sont les dernières à être passées par les écoles normales d'instituteurs. Ces institutions qui donnaient une forte cohésion et un esprit de corps affirmé ont cessé leurs activités en 1989-1990. Elles ont été remplacées par les instituts universitaires de formation des maîtres (IUFM) – eux-mêmes transformés en ESPE[1] puis aujourd'hui en INSPÉ[2] rattachés aux universités –, structures qui ne transmettent manifestement plus une identité professionnelle aussi puissante.

2002-2017 : une hétérogénéité électorale croissante

Cette diversité culturelle, l'affaiblissement d'une matrice enseignante homogène, n'est pas restée sans conséquence en matière électorale. Si les professeurs se caractérisent toujours par une orientation politique plus à gauche que la moyenne des Français,

1. Écoles supérieures du professorat et de l'éducation.
2. Instituts nationaux supérieurs du professorat et de l'éducation.

l'hégémonie du Parti socialiste a été très fortement remise en question depuis vingt ans. Le vote enseignant s'est largement dispersé lors de différents scrutins et fait preuve de mouvements erratiques.

De 1995 à 2002 : du vote socialiste à une très forte dispersion

Au premier tour de l'élection présidentielle de 1995, soit quelques années seulement après l'implosion de la FEN et la disparition des écoles normales, Lionel Jospin recueillait 40 % des voix des professeurs des premier et second degrés (d'après un sondage de la Sofres), mais son score fut divisé par deux (19 %) au premier tour de l'élection présidentielle de 2002. Lors de ce scrutin de funeste mémoire pour la gauche, les enseignants constituèrent un des pans de l'électorat dans lequel la dispersion des votes sur les différentes candidatures de gauche fut la plus spectaculaire. À un vote en faveur des candidats d'extrême gauche (Arlette Laguiller et Olivier Besancenot) très significatif (11 %, plus 4 % pour Robert Hue) s'ajouta, en effet, un vote élevé (36 % contre 13 % dans l'ensemble de la population) pour les candidats situés aux marges du courant socialiste se distribuant ainsi : 8 % pour Christiane Taubira, 15 % pour Jean-Pierre Chevènement et un fort écho pour le candidat écologiste Noël Mamère qui capta 13 % des voix enseignantes, soit nettement plus que son score national.

La déception concernant le bilan du gouvernement Jospin et le projet porté par le candidat expliquent sans doute, comme dans d'autres composantes de l'électorat socialiste, ce désamour. Mais il fut sans doute renforcé chez les enseignants par les mauvais souvenirs laissés par le passage de Claude Allègre au ministère de l'Éducation.

Le vote au premier tour de l'élection présidentielle de 2002

Candidats	Enseignants	Ensemble des Français	Écart
Candidats trotskystes + R. Hue	15 %	14 %	+1 pt
L. Jospin	19 %	16 %	+3 pts
Chr. Taubira	8 %	2 %	+6 pts
N. Mamère	13 %	5,5 %	+7,5 pts
J.-P. Chevènement	15 %	5,5 %	+9,5 pts
Fr. Bayrou	7 %	7 %	–
Candidats de la droite parlementaire	18 %	24,5 %	–6,5 pts
Candidats d'extrême droite	5 %	19,5 %	–14,5 pts
Autres candidats	–	6 %	–6 pts

Source : Ifop.

2007 : le PS remobilise mais plus comme avant

Lors de l'élection présidentielle de 2007, échaudée par l'élimination de Lionel Jospin cinq ans plus tôt et face à la perspective d'une victoire de Nicolas Sarkozy, personnalité repoussoir pour de nombreux professeurs, la gauche enseignante resserra les rangs.

Ségolène Royal capta ainsi 31 % des voix des professeurs. Mais, en dépit d'une certaine remobilisation, la candidate socialiste ne retrouva pas pour autant l'étiage du même Lionel Jospin en 1995 (40 %), signe d'une altération du lien organique ayant existé entre le monde enseignant et le Parti socialiste.

Le vote au premier tour de l'élection présidentielle de 2007

Candidats	Enseignants	Ensemble des Français	Écart
Candidats d'extrême gauche	6 %	6 %	–
M.-G. Buffet	4 %	2 %	+2 pts
S. Royal	31 %	26 %	+5 pts
D. Voynet	5,5 %	2 %	+3,5 pts
Fr. Bayrou	28 %	19 %	+9 pts
Candidats de la droite parlementaire	17 %	33 %	–16 pts
J.-M. Le Pen	3 %	10 %	–7 pts
Autres candidats	5,5 %	2 %	–3,5 pts

Source : Ifop.

Autre symptôme de cette hétérogénéité idéologique croissante, François Bayrou obtint cette année-là 28 % des voix enseignantes, faisant presque jeu égal avec Ségolène Royal. Son discours en direction du monde enseignant ainsi que son statut d'ancien professeur et d'ancien ministre de l'Éducation nationale relativement apprécié à l'époque ont sans doute contribué à cette performance. On peut aussi voir dans ce soutien au candidat centriste l'expression d'une volonté d'une partie des enseignants de gauche de ne pas voter pour Ségolène Royal – qui les avait notamment braqués avec une polémique sur leur temps de présence – sans pour autant voter à droite. Le fait que près d'un quart des enseignants se disant proches du Parti socialiste (24 %) et de la FSU ont voté pour le candidat du MoDem tendrait à confirmer cette hypothèse.

2012 : pour Hollande ou contre Sarkozy ?

En 2012, au terme du quinquennat de Nicolas Sarkozy, la volonté d'alternance était très forte dans l'électorat de gauche. Dans ce contexte, François Hollande bénéficia d'un vote utile puissant de la part des enseignants. D'après un sondage Ifop réalisé pour *Le Monde* en février 2012[1], 46 % d'entre eux s'apprêtaient à voter pour le candidat socialiste, soit une surcote de 16 points par rapport au grand public (François Hollande se situant à l'époque à 30 % dans les sondages d'intentions de vote). Jean-Luc Mélenchon recueillait 10 % des voix enseignantes et les candidats écologistes ou d'extrême gauche, 6 %. François Bayrou, qui était de nouveau candidat, ne réitéra pas sa performance

1. Maryline Baumard, « La gauche hégémonique chez des enseignants du public crispés », *Le Monde*, 22 février 2012.

de 2007, mais fut tout de même soutenu par 19 % des enseignants.

Avec 46 % d'intentions de vote, François Hollande parvint à faire le plein de voix enseignantes en récupérant notamment un fort contingent (35 %) qui s'était porté sur François Bayrou en 2012. Cela montre bien, rétrospectivement, que la personnalité clivante de Ségolène Royal avait bénéficié au candidat centriste en 2007. Mais ces mouvements de va-et-vient portant sur des volumes de voix importants illustrent par ailleurs que, si la droite ne faisait toujours pas recette chez les enseignants, les votes n'étaient plus aussi automatiques et conditionnés que par le passé. Des candidats de différentes sensibilités (écologiste, gauche de la gauche, centriste) pouvaient régulièrement rencontrer un écho significatif dans le milieu enseignant, l'élection présidentielle de 2017 en ayant de nouveau apporté la preuve de manière paroxystique.

2017 : le PS laminé, les voix dispersées

De fait, lors de l'élection présidentielle de 2017, les tendances à l'œuvre dans l'ensemble de la population se trouvèrent amplifiées dans l'électorat enseignant qui, comme en 2002, mais de manière encore plus prononcée, se détourna du Parti socialiste. Ainsi, selon un sondage de l'Ifop réalisé quelques jours avant le premier tour[1], le candidat socialiste Benoît Hamon n'était crédité que de 15 % des voix chez les enseignants. Bien que résistant un peu mieux dans cette catégorie professionnelle que dans le reste de la population (il se situait à l'époque à 7,5 % dans les intentions de vote), il enfonçait tout de même le plancher atteint chez les enseignants par Lionel Jospin en 2002 (19 %).

1. « Pour qui ont voté les enseignants », enquête réalisée par l'Ifop pour SOS Éducation par téléphone du 16 au 19 avril 2017 auprès de 1 001 enseignants, échantillon représentatif de la population des enseignants du secondaire.

Cette déroute, intervenant au terme du quinquennat de François Hollande, renseigne sur le très fort mécontentement à l'égard du bilan de la majorité sortante, notamment en termes de politique d'éducation: on pense non seulement à la réforme du collège, mais également au sentiment des professeurs de ne pas être écoutés par des gouvernants si certains du bien-fondé de leurs idées, qu'ils regardaient les protestataires avec une condescendance qui se paya cash.

De plus, cet état de fait illustre également, une nouvelle fois, la grande volatilité électorale de cette population. À côté de ce dernier carré d'électeurs fidèles au Parti socialiste, toute une partie des enseignants préféra soutenir Jean-Luc Mélenchon, crédité de 23 % (contre 18,5 % dans les sondages nationaux à l'époque). Ce tropisme fut encore plus marqué parmi les jeunes enseignants (29 % parmi les moins de 40 ans et même 37 % chez les moins de 30 ans). Mais le candidat du Parti socialiste ne fut pas uniquement concurrencé sur sa gauche. Emmanuel Macron capta ainsi 38 % des intentions de vote chez les profs (pour un score de 23,5 % à l'époque dans le grand public) et s'imposa largement, une partie, plus centriste, refusant après l'élimination de Manuel Valls aux primaires d'apporter son soutien à un candidat socialiste bien plus marqué à gauche. Le premier tour de l'élection présidentielle de 2017 a ainsi vu se combiner une forte concurrence à gauche du Parti socialiste, comme ce fut le cas en 2002, et l'attrait pour une offre centriste, comme en 2007.

Ces violents à-coups électoraux observés désormais depuis une vingtaine d'années en disent long sur l'état de désaffiliation partisane affectant un groupe social qui fut jadis la colonne vertébrale de la gauche socialiste : on se souvient de l'entrée en masse des enseignants à l'Assemblée nationale en juin 1981 après l'élection de François Mitterrand. Plus globalement, les enseignants avaient historiquement une fonction d'encadrement idéologique de la classe moyenne et constituaient ainsi une quille stabilisatrice du système politique et social. Ce rôle stabilisateur et d'encadrement semble aujourd'hui considérablement amoindri, la quille, à la composition plus hétérogène et à l'armature moins rigide que par le passé, étant elle-même soumise au tangage et au roulis.

Prof, un métier comme un autre[1] ?

La crise des « gilets jaunes » et encore plus la crise du Covid-19 ont remis sur le devant de la scène la question du travail, rendant visibles du jour au lendemain des métiers invisibles et précaires mais pourtant essentiels à la continuité de la société de services à laquelle nous appartenons, le « back-office » de la société, comme l'appelle Denis Maillard[2]. Parmi

1. Ce chapitre est tiré d'une note de Jérémie Peltier et Iannis Roder, *Prof, un métier comme un autre ?*, Paris, Fondation Jean-Jaurès, février 2021.

2. Denis Maillard, *Indispensables mais invisibles ? Reconnaître les travailleurs en première ligne*, La Tour d'Aigues, Fondation Jean-Jaurès/L'Aube, 2021.

ces catégories professionnelles figurent les enseignants. Les différents confinements ont en effet souligné le besoin d'école des élèves et le rôle si important des professeurs.

Nombre d'entre eux se sont engagés dans la période de pandémie, auprès des enfants de soignants qu'ils ont encadrés dans les écoles, mais aussi auprès de leurs élèves en assurant, pour la grande majorité d'entre eux, une continuité pédagogique parfois compliquée à mettre en place et surtout à maintenir, notamment dans les espaces socialement défavorisés[1]. Dans un moment où les perturbations liées à la pandémie ont bousculé l'école et provoqué chez certains enseignants des questionnements sur le sens de leur métier et leur rôle dans la société, nous avons voulu les

1. Voir Salomé Berlioux, Jérémie Peltier et Iannis Roder, *Apprendre et enseigner par temps de crise sanitaire. Regards croisés villes-campagnes*, Paris, Fondation Jean-Jaurès, mai 2020.

interroger sur la manière dont ils vivent leur profession.

« Y a d'la joie » : des profs qui se disent heureux

« Tout le jour, mon cœur bat, chavire et chancelle », chantait Charles Trenet dans sa célèbre chanson « Y a d'la joie ». Il semblerait qu'il en soit de même pour les enseignants. En effet, la grande majorité des professeurs (primaire et secondaire) (83 %) indiquent exercer leur travail d'enseignant « avec plaisir », contre 13 % qui indiquent l'exercer sans plaisir. Dans une époque où la place du bien-être au travail et la quête de sens semblent avoir pris le pas – parfois – sur les questions de rémunération ou de promotion professionnelle, ce taux de 83 % tend à montrer que le métier de professeur reste encore associé à un travail plaisant, qui fait sens. Sur ce point, être prof ne diffère pas d'autres métiers, et semble une profession comme les autres. Les enseignants apparaissent en effet comme une catégorie qui prendrait autant de plaisir que le reste de la population, même s'il s'agit d'un métier à part. Dans son enquête nationale « Parlons travail » réalisée auprès de plus de 200 000 personnes, la CFDT montrait que 82 % des salariés interrogés indiquaient « aimer leur travail » et que 77 % le jugeaient « utile[1] ».

Plus de huit professeurs sur dix exercent leur métier avec plaisir, ce qui devrait logiquement clore tout débat sur un éventuel malaise des enseignants, et nous pouvons donc constater que le tableau n'est pas noir, quoique ce soit bien 13 % des professeurs qui disent exercer leur métier sans plaisir, soit presque le double qu'en 1973 (7 %). Mais, au regard des changements de contexte, et d'abord scolaire[2], cette

1. CFDT, Upian et Yami2, enquête « Parlons travail » menée du 20 septembre au 31 décembre 2016, https://analyse.parlons-travail.fr

2. Citons la réforme Haby (1975) qui met en place le collège unique, ou encore l'objectif

augmentation semble limitée, même s'il existe évidemment des nuances.

Tout d'abord, quand 82 % des enseignants du public disent exercer leur métier avec plaisir, ce taux passe à 89 % chez les enseignants du privé (+7). Par ailleurs, quand « seulement » 10 % des enseignants en ville-centre disent exercer leur métier « sans plaisir » (13 % chez l'ensemble des enseignants), ce taux passe à 19 % pour les enseignants des banlieues populaires (+9 points), soit deux enseignants sur dix travaillant dans des établissements situés sur ces territoires.

On notera néanmoins que, s'il n'existe pas de différences sur le sujet du « plaisir » entre l'Île-de-France et la province, 18 % des enseignants exerçant dans des villes dites « isolées » (où peuvent se cumuler des problèmes

affiché, en 1985, par Jean-Pierre Chevènement d'amener 80 % d'une classe d'âge au niveau du baccalauréat. Ces deux événements ont considérablement joué dans la démocratisation de l'accès aux études secondaires.

liés à la mobilité, à la dépendance à la voiture et à la désertification d'un certain nombre de services publics) disent exercer leur métier sans plaisir. Cela témoigne, sans surprise, du fait que, lorsqu'on parle de « climat scolaire », qui joue un rôle central dans le plaisir (comme lorsque l'on parle de « climat professionnel » ou d'« ambiance de bureau »), l'interne et l'externe, ce qui se passe à l'intérieur de l'établissement et ce qui se passe à l'extérieur, sont intimement liés.

Le fait d'exercer son travail avec plaisir est à mettre en relation avec l'utilité sociale que les enseignants attribuent aux collèges et lycées, ce qui corrobore le lien existant entre plaisir et sentiment d'utilité : 87 % des enseignants indiquent que les collèges et les lycées apprennent aux élèves à vivre en société, 78 % qu'ils sont des lieux où les élèves sont en sécurité, et 75 % que ces structures traitent les élèves de manière égale (+4 points par rapport à 2000).

Si les enseignants sont seulement 13 % à souffrir de leur métier, ils sont 20 % à indiquer avoir du mal à maintenir la discipline dans leur classe (11 % des enseignants du privé, 22 % des enseignants du public). Cette question de la discipline, avec les fortes disparités et les évolutions que nous pouvons observer sur plus de trente ans, nous amène à nuancer l'optimisme que pourraient entraîner les premiers éléments de notre enquête. Si 20 % des enseignants hors réseaux d'éducation prioritaire (REP) disent avoir du mal à maintenir la discipline dans leur classe, ils sont en effet 29 % (+9 points) chez les enseignants en REP. Enfin, quand 20 % des enseignants en collège déclarent avoir du mal à maintenir la discipline dans leur classe, ils sont 32 % chez les enseignants en lycée, soit un enseignant sur trois, ce qui semble tout de même témoigner de difficultés vécues par certains dans leur quotidien professionnel.

De fait, si aujourd'hui 78 % des enseignants du second degré public considèrent qu'ils n'ont pas de mal à maintenir un minimum de discipline parmi leurs élèves, c'est 9 points de moins par rapport à une enquête similaire publiée en 1973. Ce constat sur la discipline et cette détérioration, certes relative, peut apparaître en très léger décalage, voire en très légère contradiction avec les 83 % d'enseignants qui prennent du plaisir au quotidien.

S'il ne nous appartient pas de mettre en doute les réponses à l'enquête, nous nous permettons d'émettre une hypothèse. Certes, le taux de professeurs faisant état du plaisir qu'ils ont à travailler est très élevé, mais il se peut que l'impératif social d'aimer son travail quand on est enseignant pousse quelques-uns à répondre positivement même quand ils vivent un quotidien difficile, comme nous le montrent les taux en REP, par exemple. Il est aussi difficile, quand on a fait le choix de ce métier, de s'avouer en souffrir. Qui a fréquenté les salles de professeurs, notamment dans les établissements classés en REP, sait que le discours ambiant peut faire d'aimer les élèves et son travail un impératif, mais aussi que des professeurs sont en véritable souffrance et sont loin de ressentir du plaisir dans leur quotidien.

Être enseignant, une sécurité ?

Si les enseignants disent aujourd'hui être nombreux à exercer leur métier avec plaisir et avec « sens », c'est sans doute parce qu'ils se disent très majoritairement en sécurité dans leur établissement (87 %) et respectés par leurs élèves (88 %) et par les parents d'élèves (77 %).

Toutefois, il est communément admis aujourd'hui que la violence peut parfois s'inviter dans le quotidien des enseignants. En effet, à rebours du plaisir affirmé, et donc de manière qui peut apparaître en légère contradiction ou qui témoigne, soit d'une intériorisation de ce type de risques, soit d'une importante capacité de résilience, notre enquête révèle que près d'un tiers (28 %) des enseignants ont déjà fait l'objet au cours de leur carrière de menaces et d'agressions sur leurs biens ou sur leur personne, dont 10 % au cours de la dernière année scolaire, soit un enseignant sur dix (mais près d'un enseignant sur trois (30 %) de moins de 30 ans affirme avoir été agressé au cours de sa courte carrière). Ce fait peut apparaître comme un marqueur de la détérioration de la situation vécue par les jeunes enseignants, renvoyant de fait aux situations plus tendues qu'ils peuvent vivre dans des établissements parfois difficiles, où ils sont plus nombreux, mais aussi à la question de la formation.

Ils sont en effet plus nombreux en REP à avoir connu des agressions (26 % contre 13 % hors REP). Un enseignant sur cinq a déjà fait l'objet de vols ou de dégradations de ses biens personnels au cours de sa carrière (dont 8 % au cours de la dernière année scolaire), et près d'un sur deux (45 %) a déjà essuyé des insultes ou des propos calomnieux en face-à-face au cours de sa carrière (1 sur 7 au cours de la dernière année scolaire). Dans le même ordre d'idées, ils sont encore un sur cinq (21 %) à déjà avoir été victimes d'une agression physique légère, c'est-à-dire sans interruption temporaire de travail (dont près d'un sur dix au cours de la dernière année scolaire). Là encore, les moins de 30 ans sont 16 %, soit 6 points de plus que la moyenne, tandis qu'un enseignant sur quatorze (7 %) a déjà été victime d'une agression physique lourde, c'est-à-dire avec interruption temporaire de travail.

En outre, en écho à l'assassinat de Samuel Paty, que le terroriste islamiste avait « repéré » sur les réseaux sociaux à la suite de l'indignation mortifère d'un parent d'élève et d'associations islamiques appelant à son renvoi, 13 % des enseignants disent avoir déjà fait l'objet d'insultes ou de propos calomnieux sur Internet au cours de leur carrière, et notamment sur les réseaux sociaux. Au final, ce sont 50 % des enseignants interrogés, soit un sur deux, qui indiquent avoir été victimes d'agression physique ou verbale au cours de leur carrière, dont 17 % au cours de la dernière année scolaire, soit pas loin d'un sur cinq.

Au regard de ces derniers chiffres, les forts sentiments de sécurité et de respect déclarés par les enseignants nous poussent à émettre l'hypothèse d'une accoutumance à des situations devenues parfois la norme et donc vécues ainsi. Des enseignants ont pu finalement s'habituer à vivre des situations difficiles, et ce, de façon relativement régulière, comme s'ils avaient intégré de « nouveaux standards » en matière de climat scolaire et de violences, sans que cela entame – pour le moment – leur état d'esprit.

Il faut également noter que, si 16 % des enseignants disent avoir été victimes d'insultes ou de propos calomnieux en face-à-face, c'est 21 points de moins qu'en 2014, ce qui est considérable et pourrait s'expliquer par une meilleure prise en compte par l'institution de cette réalité, notamment face à la médiatisation aujourd'hui des agressions d'enseignants de la part de la presse. Le résultat semble en être une meilleure protection des enseignants, et notamment dans ces confrontations directes.

Par ailleurs, si les enseignants se sentent respectés et en sécurité, ils le doivent d'abord à la relation de confiance nouée avec les élèves. Pour le dire autrement, si leur état d'esprit semble demeurer positif et d'une relative sérénité, il apparaît que c'est d'abord de leur propre fait et en raison de leur propre engagement, l'institution semblant jouer un rôle secondaire dans leur sentiment d'être protégés et respectés.

De fait, « seulement » 63 % des enseignants indiquent avoir le soutien de leur hiérarchie en cas de problème avec les élèves et 62 % en cas de problème avec les parents d'élèves. Cela signifie que près de quatre enseignants sur dix ont le sentiment de ne pas être soutenus comme ils pensent devoir l'être. Plus notable encore est la différence entre les enseignants du privé (82 % se disent soutenus) et les enseignants du public (60 %). Ce sentiment de soutien descend à 55 % chez les enseignants exerçant en Île-de-France, contre 65 % chez ceux qui exercent en province. Nous pouvons ici émettre l'hypothèse que l'Île-de-France est un « hub » par lequel transitent, pour une durée limitée, une grande partie des jeunes enseignants de France, parfois dans des territoires difficiles, avant d'être mutés ailleurs. Ce qu'ils y vivent ne leur semble pas toujours nécessairement bien pris en compte par une hiérarchie pour laquelle certains agissements d'élèves pourraient relever d'une certaine banalité. C'est aussi ce que nous retrouvons dans les établissements classés en REP : quand 65 % des enseignants hors REP ont le sentiment d'être soutenus par leur hiérarchie en cas de problème avec des élèves, c'est le cas de 59 % des enseignants en REP.

D'abord une sécurité de l'emploi ?

« Les profs ne travaillent pas beaucoup » ; « les profs sont souvent en vacances » ; « l'Éducation nationale recrute n'importe qui. » Même si les perceptions ont évolué ces dernières années, ce type de petites phrases régulièrement entendues rappelle que circule toujours, dans la société, le sentiment qu'être enseignant est d'abord et avant tout un métier exercé pour ses avantages organisationnels et matériels, comme si travailler face à des élèves était quelque chose d'anodin, à la portée de tous et ne présentait ni contraintes ni difficultés.

Notre enquête montre en réalité que la spécificité de ce métier, à savoir le rapport à l'élève, est bien au cœur des raisons pour lesquelles les enseignants ont décidé de l'exercer.

Ainsi, 78 % des enseignants interrogés indiquent que le fait de transmettre des connaissances a été un élément déterminant dans leur décision de se tourner vers cette profession, et 63 % citent le fait de travailler avec des jeunes et des enfants. Transmettre sa discipline à la jeune génération (66 % des enseignants interrogés indiquent que leur intérêt pour la discipline qu'ils enseignent a été un élément déterminant dans leur choix professionnel) apparaît donc au cœur des raisons pour lesquelles les enseignants se sont tournés vers ce métier.

Cela nous amène à poser deux réflexions. D'une part, les éléments matériels apparaissent comme relatifs dans les raisons évoquées (34 % mentionnent la sécurité de l'emploi), mettant à mal l'idée selon laquelle il s'agirait d'un job choisi par défaut (« c'est mieux que rien ») ou pour la liberté qu'il permettrait (l'idée selon laquelle « les profs font un peu ce qu'ils veulent »). En effet, quand on interroge les enseignants, seuls 43 % avancent l'autonomie qu'offre ce métier.

L'amour de la discipline enseignée semble avoir pris le pas sur la mission d'intérêt général que revêt *de facto* le métier d'enseignant. De fait, moins d'un enseignant sur deux (47 %) indique exercer ce métier car il avait la « vocation » de répondre à une mission d'intérêt général. Force est ainsi de constater que les « hussards noirs » de la République semblent loin. Cela peut laisser supposer qu'une partie des enseignants de ce pays sembleraient peu sensibles au discours qui en fait les « premières lignes » pour faire vivre et défendre les principes et valeurs de la République.

« Burn-out » : quand l'impossible au nécessaire se joint

Cette enquête laisse ainsi apparaître un ensemble de situations qui peuvent sembler paradoxales : principe de plaisir fort dans l'exercice de leur métier contre climat scolaire qui paraît pourtant se dégrader avec les nouveaux « standards de violence » auxquels les enseignants semblent s'être habitués malgré eux. Les enseignants paraissent se trouver dans une situation quelque peu schizophrénique, pouvant parfois relever du tragique, au sens de ce qui résiste à la réconciliation. De fait, le philosophe Vladimir Jankélévitch définit une situation tragique comme l'alliance entre le nécessaire et l'impossible[1]. En somme, pour le cas des enseignants, on pourrait dire qu'ils sont nécessaires à la bonne santé de la nation et au bon fonctionnement de notre démocratie et qu'il est d'autre part nécessaire pour eux de faire le travail avec dignité, dynamisme et plaisir et d'en être convaincus.

Ou alors, comme on le voit dans cette enquête, on pourrait avancer l'hypothèse qu'il est nécessaire aux enseignants de se convaincre que tout

1. Vladimir Jankélévitch, *L'Alternative*, Alcan, 1938.

n'est pas si noir, même si beaucoup d'indices indiquent qu'il peut s'avérer de plus en plus difficile d'effectuer ce travail dans une totale sérénité, voire qu'il peut devenir impossible de remplir tous les objectifs que la nation leur assigne et qu'ils s'assignent à eux-mêmes : apprendre aux élèves à vivre et évoluer en société.

Quand l'impossible au nécessaire se joint[1], c'est l'intensification du travail qui survient, ayant pour conséquence un stress excessif, un épuisement émotionnel ou physique, une réduction de la productivité au travail et un sentiment de dépersonnalisation (le fait d'avoir l'impression de travailler comme une machine). Et c'est à travers ce nœud entre le nécessaire et l'impossible que peut être compris le taux de professeurs qui indiquent s'être déjà trouvés en situation de *burn-out*

---

1. Citation de Vladimir Jankélévitch : « Il y a tragédie toutes les fois que l'impossible au nécessaire se joint », *op. cit.*

professionnel (46 % des enseignants en ont déjà fait un et 20 % « plusieurs fois »). Ce taux qui fait des enseignants une profession plus touchée que la moyenne des Français est un vrai signal d'alerte (36 % des Français)[1].

Il est par ailleurs notable que certains enseignants sont plus touchés que d'autres : ils sont ainsi 53 % chez les professeurs du second degré en REP, pourtant souvent bien plus jeunes que leurs collègues, à être concernés par ces situations de burn-out (43 % hors REP). En outre, une différence, encore une fois, très importante semble exister sur ce sujet du burn-out entre les enseignants du public et ceux du privé : 37 % des enseignants du second degré du privé sont concernés, contre 48 % (+11 points) pour ceux du public. Enfin, les enseignants en lycée semblent plus touchés (53 %) que leurs collègues du collège (43 %).

1. CFDT, Upian et Yami2, enquête « Parlons travail », *op. cit.*

Le métier d'enseignant n'est donc décidément pas un métier comme les autres, même si le plaisir au travail, notamment, pourrait le laisser supposer. Par ses modalités d'une part (en face d'élèves en construction) et par la dimension symbolique que le professeur revêt aux yeux du grand public (c'est là où se forme la nation de demain), la charge affective est par définition beaucoup plus lourde que pour bon nombre d'autres métiers.

Les différents problèmes que rencontrent les professeurs, dont témoigne entre autres le taux élevé de burn-out, ne sont pas encore perçus comme mettant à mal le sentiment de sécurité dans lequel ils disent évoluer. Mais cette ambiance ainsi que le rôle d'interface que jouent les établissements scolaires, et donc les enseignants, entre les maux de la société et la République pourraient renforcer dans les années à venir cette usure psychologique à laquelle les enseignants semblent plus perméables que l'ensemble de la population, ayant de plus en plus de mal à concilier les objectifs de leur métier avec les conditions de son exercice. Par ailleurs, ce risque du burn-out doit être lu à travers le prisme de la pandémie qui, au vu des nombreux témoignages, a eu pour conséquence une augmentation de la charge de travail des enseignants[1], rendant encore plus prégnants les risques d'usure psychologique et les interrogations sur le sens de leur métier.

1. Salomé Berlioux, Jérémie Peltier et Iannis Roder, *op. cit.*

Les enseignants, la religion et la laïcité[1]

Notre enquête nous a conduit à nous interroger sur deux aspects des relations entre le monde enseignant et la question religieuse. Le premier aspect nous permet de mieux cerner la place que les enseignants accordent aujourd'hui aux religions à l'école, mais aussi le sens qu'ils donnent à la laïcité et leur point de vue sur le port des signes religieux par les différents acteurs du système scolaire

1. Ce chapitre est issu d'une note de François Kraus, *Les Enseignants, la laïcité et la place des religions à l'école*, Paris, Fondation Jean-Jaurès, juillet 2021.

(élèves, parents…). second aspect concerne l'immixtion de la question religieuse dans l'école et la manière dont celle-ci influe, si ce n'est sur le quotidien, du moins sur le vécu des enseignants, mais aussi des établissements scolaires.

Des enseignants qui ressemblent aux Français

L'image du monde enseignant est souvent liée à l'histoire même de l'institution scolaire et à ses combats pour l'école laïque. De ces images de « hussards noirs de la République » envoyés dans les campagnes françaises pour arracher les enfants de France des bras de l'Église, il reste l'idée que les enseignants ont toujours été et seront toujours non seulement d'ardents défenseurs de la laïcité – et l'on se souvient que ce sont eux qui, à Creil en 1989, ont d'abord réagi à la présence de deux jeunes filles voilées à l'intérieur de leur établissement scolaire –, mais aussi des athées convaincus et militants.

Le constat est bien plus nuancé que cela et les enseignants ressemblent de manière quasi identique à la population française en termes de rapport au religieux. Ils ne sont que 31 % à se déclarer athées convaincus (30 % pour l'ensemble des Français[1]) et 39 %, comme l'ensemble des Français, à se déclarer « non religieux ». Un peu moins d'un tiers (30 %) des enseignants se définissent comme « religieux », là encore à l'instar des Français (31 %). Toutefois, en y regardant de plus près, les différences entre enseignement

1. « Le rapport à la laïcité à l'heure de la lutte contre l'islamisme et le projet de loi contre les séparatismes », étude Ifop pour le Comité laïcité République réalisée par Internet du 20 au 22 octobre 2020 auprès d'un échantillon de 2034 personnes, représentatif de l'ensemble des Français vivant en France métropolitaine âgés de 15 ans et plus. Données sur la base des personnes âgées de 18 ans et plus.

public et enseignement privé se révèlent très clairement et les professeurs du public apparaissent encore comme un corps aux options philosophiques plus proches de l'image que nous pouvons en avoir. De fait, ils sont 35 % à se déclarer athées et 40 % « non religieux ». Ils sont néanmoins un quart (25 %) à se dire « religieux », ce qui est loin d'être négligeable. Il nous faut souligner que les professeurs de moins de 40 ans, public et privé confondus, se disent plus « religieux » (39 %) et moins athées (28 %) que leurs aînés (respectivement 22 % et 32 % pour les 40-49 ans), et donc que l'ensemble des Français. S'il nous faut bien distinguer enseignement public et enseignement privé, cette réalité nuance néanmoins l'image d'Épinal des enseignants militants « laïcards » qui traverse parfois les imaginaires, même si le corps enseignant semble, *a priori*, rester ferme sur les principes.

Des professeurs fermes sur les principes ?

La loi de 1905 plébiscitée, sauf par les jeunes enseignants

Les enseignants plébiscitent la loi de 1905 sur la séparation des Églises et de l'État en étant 96 % (97 % dans l'enseignement public) à y rester favorables. Ils sont ainsi 81 % à considérer qu'il ne faut pas la modifier (83 % des enseignants du public), soit 11 points de plus que l'ensemble des Français. Néanmoins, les jeunes enseignants seraient plus enclins à la faire évoluer vers davantage de « souplesse », puisqu'ils ne sont plus « que » 71 % des jeunes professeurs du public à ne pas vouloir y toucher. Ils sont même 4 % à considérer qu'elle devrait être supprimée… Si les professeurs qui se disent affiliés d'une manière ou d'une autre à la religion catholique sont 78 % à considérer que la loi de 1905 ne doit pas évoluer, ils ne sont plus que 62 %

s'agissant des professeurs de « religions non catholiques », 35 % à considérer qu'elle doit évoluer et 3 % qu'elle devrait être supprimée.

C'est peut-être dans cette population, que l'on sait plus jeune dans le corps enseignant, lequel offre des débouchés professionnels qui sont autant de possibilités d'ascension sociale pour des personnes issues de milieux plus populaires, qu'il faut aller chercher des explications quant aux avis moins tranchés sur la loi de 1905 que l'on trouve chez les enseignants de moins de 30 ans.

Un fort soutien à la loi de 2004

Ce soutien global à la loi de 1905 se retrouve dans les 92 % d'enseignants (94 % dans l'enseignement public) qui sont favorables à la loi de 2004 interdisant le port de signes ou de tenues manifestant une appartenance religieuse dans les établissements scolaires publics. Cet état de fait permet de constater que, sur le terrain, les interprétations de la loi de 2004 comme étant hostile à l'islam ou comme « liberticide » n'ont pas d'incidence sur la vision que peuvent en avoir les enseignants. Si ce soutien est en effet affirmé et massif, il est néanmoins notable que les jeunes enseignants sont ceux qui sont le moins favorables à cette loi (86 %), même si leur adhésion reste massive.

Il est frappant de noter que le soutien des enseignants du public à la loi de 2004 est allé en s'accroissant de manière importante. Un sondage de 2004[1], au moment donc du vote de la loi qui, rappelons-le, faisait suite aux conclusions de la commission Stasi, laquelle fut fortement influencée par les témoignages d'enseignants de terrain, montrait une population enseignante beaucoup plus perplexe quant

1. Étude CSA/*Le Monde/La Vie* réalisée par téléphone du 22 au 24 janvier 2004 auprès d'un échantillon national représentatif de 504 enseignants des établissements d'enseignement général et technologique publics.

à la nécessité d'une loi. Les professeurs du secondaire public étaient en effet 76 % à se dire favorables contre 91 % en décembre 2020. Cette augmentation importante se vérifie dans le taux de « très favorables » qui gagne 20 points, passant de 40 à 60 %. Cela dit peut-être quelque chose, non seulement de la nécessité, au plus près du terrain, d'une législation claire, mais aussi de l'apaisement que cette législation aujourd'hui plébiscitée semble avoir apporté. En effet, les problèmes soulevés par le port de signes religieux ostentatoires semblent s'être estompés et les incidents afférents paraissent également principalement réglés par la conciliation.

Pour certains, ce soutien massif à la loi de 2004 de la part d'une profession dont une partie s'avère plus souple face à l'expression religieuse dans la société[1] tiendrait peut-être au fait que cette loi serait surtout perçue comme outil

1. Voir ci-dessous p. 72-75.

« disciplinaire » pour des enseignants ressentant plus largement un « effondrement de l'autorité attachée à leur fonction [...] à la fois dans la forme concrète d'une montée des indisciplines [...] scolaires [...] – et de leur capacité de résistance en face des revendications et pressions des familles[1] ».

Une vision plus défensive aujourd'hui qu'hier

Les professeurs sont également très majoritairement favorables à la mise en place d'une épreuve portant sur la laïcité aux épreuves des concours de recrutement (75 % mais 79 % dans l'enseignement public). Le ministre de l'Éducation nationale, Jean-Michel Blanquer, ayant fait le choix d'instaurer une épreuve orale portant sur les valeurs et principes de la République aux concours de recrutement, trouve

1. Étienne Balibar, « Dissonances dans la laïcité » in *Mouvements*, nos 33-34, 2004, p. 148-161.

donc là un fort soutien de la part des enseignants en exercice.

Ce soutien croissant à la loi de 2004 va de pair avec une vision plus politisée des revendications religieuses exprimées dans une enceinte scolaire. Ainsi, les demandes de viande halal/casher dans les cantines scolaires sont désormais interprétées comme une remise en cause de la laïcité par une majorité d'enseignants du secondaire public (à 65 %), alors qu'ils n'étaient qu'un sur trois à les percevoir de la sorte il y a dix-sept ans (35 % en janvier 2004).

De même, la remise en cause de la mixité filles-garçons dans les cours est interprétée comme une entorse à la laïcité par une proportion plus forte (79 %) qu'en 2004 (68 %). Pour le reste, on relève un certain consensus dans le corps enseignant pour considérer comme une entorse la remise en cause du contenu d'un enseignement (85 %) ou le refus de suivre un cours de sciences naturelles (85 %).

À ce propos, il est intéressant de noter que l'absentéisme les jours de fêtes religieuses, qui est toléré par l'Éducation nationale, est aussi perçu comme une atteinte à la laïcité par une majorité de professeurs (57 %), signe qu'ils méconnaissent la loi en la matière ou qu'ils trouvent que cette tolérance ne respecte pas leur vision de la laïcité.

Le voile des mères accompagnatrices : des profs au soutien de la ligne dure

Sur l'épineuse question du port de tenues religieuses par les accompagnateurs bénévoles, la ligne la plus stricte semble loin d'être isolée au regard de la large majorité d'enseignants (64 %) opposés « au port de signes religieux ostensibles par les parents d'élèves accompagnant bénévolement les enfants lors d'une sortie scolaire ». Le corps enseignant dans son ensemble affiche également une nette hostilité au port de signes religieux – pourtant actuellement autorisé – par d'autres

« usagers » du service public comme « les étudiant(e)s dans les salles de cours des universités » (à 67 %) ou les personnes fréquentant des « services publics » tels que les mairies ou les préfectures (à 65 %).

Les jeunes profs, un cas à part

Ces chiffres d'ensemble masquent toutefois un point important : le corps enseignant apparaît dans cette enquête systématiquement plus favorable que le reste des Français au port de signes religieux, notamment en raison de la position des jeunes profs (les enseignants de moins de 30 ans) qui semblent se révéler très imprégnés du relativisme culturel de leur génération sur ces sujets. De fait, sur ces questions, un net clivage générationnel apparaît au sein du corps enseignant.

La possibilité, pour un parent d'élève, d'accompagner une sortie scolaire en affichant son appartenance et sa pratique religieuses par le port du voile est ainsi soutenue par une majorité des jeunes professeurs (56 %), contre à peine un tiers des enseignants de plus de 30 ans (34 %) et seulement un Français sur quatre (26 %). Et ce hiatus entre jeunes et moins jeunes se retrouve sur la question du port du voile par les étudiantes – soutenu par 57 % des jeunes profs contre 36 % chez l'ensemble des professeurs – ou par les usagers fréquentant des services publics tels que les mairies ou les préfectures (soutenu à 55 % par les jeunes profs).

Plus surprenant encore, et signe que les principes de neutralité religieuse imposés à la fonction publique depuis 1905 ne semblent pas être un marqueur essentiel, nous notons que près de quatre jeunes enseignants sur dix (38 %) se disent aussi favorables au port de signes religieux par des agents de l'État comme les policières ou les enseignantes, soit une proportion près de deux fois plus élevée que chez l'ensemble des Français (21 %). S'agit-il ici d'un manque de formation sur les principes qui régissent le statut des fonctionnaires ou bien d'une prise de position en connaissance de cause qui renvoie à une pénétration importante dans notre société du modèle multiculturel anglo-saxon ?

Des enseignants moins offensifs que l'ensemble des Français

Le questionnaire de l'enquête, tel qu'il était présenté, obligeait les enseignants à privilégier une approche de la laïcité leur demandant de choisir ce qui leur semblait être la signification première du principe de laïcité parmi un choix de quatre réponses possibles. Ce qui ressort de ces propositions, c'est l'importance de la liberté de conscience individuelle (37 %) et, dans une moindre mesure, la neutralité de l'État (27 %), puis vient l'absence de discriminations entre les religions (18 %). Si les propositions ne recouvrent pas une vision globale de la laïcité, les enseignants se distinguent néanmoins de la moyenne des Français par une vision de la laïcité associée avant tout à un traitement égal de toutes les religions, et cela, dans des proportions largement supérieures (37 % contre 23 % pour les Français). Les jeunes enseignants sont eux-mêmes significativement plus nombreux à d'abord considérer que la laïcité, c'est la mise sur un pied d'égalité des religions (32 % contre 18 % pour l'ensemble du corps enseignant). Nous pouvons constater qu'elle apparaît donc pour une partie importante des professeurs comme un principe organisateur de la coexistence, bien plus que dotée, dans une tradition républicaine plus vindicative face à l'influence des religions (le camp par exemple représenté en 1905 par le député Allard), d'un rôle émancipateur (ils ne sont que 12 % des moins de 30 ans à considérer que la laïcité, c'est avant tout faire reculer l'influence des religions). Mais les jeunes enseignants ne sont pas éloignés en cela de l'ensemble de leurs collègues.

En effet, alors que, pour la plupart, les Français affichent une vision assez extensive de la laïcité, les enseignants sont peu nombreux à y voir une forme de combat culturel visant à réduire l'influence des préceptes et dogmes religieux dans la société. Ainsi, ils sont à peine 16 % à partager l'idée selon laquelle la laïcité consisterait d'abord à « faire reculer l'influence des religions dans la société », soit presque deux fois moins que l'ensemble des Français (26 %). Et dans le détail, il est important de noter que la tendance à préférer considérer la laïcité comme offrant un cadre juridique garantissant la liberté de conscience est étroitement corrélée à l'âge, l'affiliation religieuse et la proximité politique des répondants : les enseignants de moins de 30 ans (32 %, contre 9 % des plus de 50 ans), proches de La France insoumise (26 %) ou membres de religions minoritaires (32 %), sont de loin les plus nombreux à considérer que la laïcité consiste avant tout à mettre sur un pied d'égalité toutes les religions.

Éloigné des images d'Épinal sur l'athéisme forcené des « hussards noirs » de la République, le corps enseignant est aujourd'hui loin d'afficher une unanimité sur les questions religieuses. S'ils adhèrent massivement aux grandes lois laïques, les professeurs ne semblent pas être partisans d'une conception « offensive » de la laïcité, qu'ils voient d'abord comme un cadre juridique.

Les générations d'enseignants aujourd'hui en poste n'ont guère eu l'occasion, lors de leur cursus universitaire et préprofessionnel, de se pencher sur la philosophie qui a guidé les Républicains du XIXe siècle dans leur combat pour la séparation des Églises et de l'État, mais aussi pour la mise en place et l'affirmation de l'école laïque. Les principes politiques et philosophiques restent aujourd'hui largement méconnus de nombre d'enseignants, comme l'ont montré les réactions des salles de professeurs après l'assassinat de Samuel Paty et le sentiment d'insécurité intellectuelle et professionnelle dont beaucoup ont témoigné.

Les enseignants face à la question religieuse[1]

L'assassinat du professeur d'histoire-géographie Samuel Paty le 16 octobre 2020 par un terroriste islamiste à Conflans-Sainte-Honorine a remis en lumière de façon macabre la réalité que vivent une partie des enseignants de France depuis maintenant plusieurs années.

1. Ce chapitre est issu d'une note de Iannis Roder, *Les Enseignants de France face aux contestations de la laïcité et au séparatisme*, Paris, Fondation Jean-Jaurès, janvier 2021.

Une poussée du religieux

Des enseignants confrontés à cette poussée

La part des professeurs qui affirment être aujourd'hui confrontés à des revendications et des contestations liées à la religion semble importante. L'enquête réalisée par l'Ifop[1] montre d'abord une réalité : il est quasiment impossible aujourd'hui, en tant qu'enseignant, d'échapper à la question religieuse. Cela ne signifie évidemment pas que celle-ci se manifeste au quotidien et trouble tous les jours la vie des professeurs, mais l'étendue du phénomène, même s'il s'étale sur le temps de carrière des enseignants, dit une réalité. Ils sont ainsi 80 % à affirmer avoir déjà été confrontés au moins une fois au cours de leur carrière à une revendication liée à des croyances ou pratiques religieuses, dont 59 % dans leur établissement actuel. Ce sont donc quatre professeurs sur cinq qui disent

1. « Observatoire des enseignants… », *op. cit.*

avoir déjà fait face à des revendications religieuses, dont l'enquête montre qu'elles se posent aujourd'hui dans tous les espaces avec plus ou moins d'acuité.

Ces revendications sont de divers types : 47 % correspondent à des demandes de repas confessionnels (exemple : halal, casher) dans les cantines, 40 % à des absences de jeunes filles à des cours d'éducation physique et sportive (avec ou sans certificat médical), notamment à des cours de natation (45 % des enseignants y ont été confrontés), 28 % à des refus d'entrer dans des lieux à caractère religieux (telle une église) lors de sorties scolaires ou encore 21 % à des refus de donner la main à quelqu'un au nom de convictions religieuses (par exemple : sport, sorties scolaires).

Notons que 65 % des enseignants déclarent avoir déjà été confrontés au moins une fois à des absences liées à l'exercice d'un culte ou à la célébration d'une fête religieuse. Cela ne peut apparaître comme une question revendicative car l'absence pour raison religieuse sur les jours de classe, qui ne concerne donc que les pratiquants autres que catholiques, est tolérée pour certaines fêtes par l'Éducation nationale. Ce taux permet néanmoins d'observer une étendue certaine de pratiques religieuses.

Au-delà des revendications religieuses concernant différents aspects de la vie scolaire, notre enquête montre aussi qu'elles peuvent donner lieu à des contestations concernant le contenu des enseignements. Ainsi, les enseignants sont plus d'un tiers (36 %) à avoir déjà rencontré des contestations d'enseignements ou de contenus d'enseignements au nom de convictions religieuses, philosophiques, politiques, et 34 %, des contestations d'activités pédagogiques.

En outre, notre enquête révèle une donnée intéressante : si 43 % des enseignants ont déjà fait face, dans leur école ou leur établissement scolaire, à des contestations et à des tentatives de soustraction d'enseignements, ils sont 53 % chez les seuls enseignants du second degré, soit une augmentation de 7 points par rapport à l'enquête Ifop-CNAL de 2018[1] (46 %). Ils sont plus précisément 7 % à déclarer y faire face régulièrement (3 % en 2018) et 17 % de temps en temps (12 % en 2018), soit 24 % des enseignants qui doivent, durant l'année scolaire, affronter de manière répétée des contestations, c'est-à-dire pratiquement un enseignant sur quatre. C'est là un indicateur important du climat scolaire.

Par ailleurs, les contestations vont bien au-delà du principe de laïcité et semblent connaître une croissance rapide au regard du sondage Ifop-CNAL de 2018. Ainsi, 49 % des enseignants indiquent que des contestations

1. « Les enseignants, et la laïcité », enquête réalisée en ligne par l'Ifop pour le Comité national d'action laïque du 8 au 11 janvier 2018 auprès de 650 enseignants du public exerçant du primaire au lycée.

ont eu lieu en cours d'éducation physique et sportive (contre 35 % en 2018), 29 % lors d'un cours d'enseignement moral et civique (contre 19 % en 2018), cours durant lequel sont abordés les valeurs de la République et le fonctionnement de notre démocratie parlementaire, 29 % lors de cours de sciences (contre 23 % en 2018). Il faut noter qu'il s'agit ici d'enseignements qui peuvent heurter de front des visions absolutistes de la religion, c'est-à-dire jugées non négociables par certains élèves car faisant partie intégrante de leurs pratiques ou de leur vision du monde, qu'il soit question de la visibilité partielle du corps à la piscine, de la laïcité et des valeurs républicaines ou encore de sujets liés au darwinisme ou à la création du monde.

Toutefois, nous constatons également que certaines formes de contestation semblent moins importantes en 2021 qu'en 2018 : c'est le cas en histoire-géographie notamment, mais aussi en lettres, en philosophie, en arts, en technologie ou dans l'enseignement professionnel. Trois hypothèses peuvent être proposées : d'une part, les contestations semblent se concentrer sur les disciplines où la confrontation avec une vision absolutiste est plus directe et, d'autre part, les contestations en histoire-géographie, lettres ou philosophie sont connues et documentées depuis une vingtaine d'années maintenant et de nombreuses formations ont été et sont toujours dispensées pour apprendre à aborder les enseignements de manière à ne pas prêter le flanc à des contestations tout en ne lâchant rien sur le fond. Le ministère de l'Éducation nationale s'est saisi de ces questions et propose des formations au Plan national de formation (PNF) sur les contestations d'enseignements qui sont consultables par tous les enseignants désireux de mieux faire face et d'améliorer leurs pratiques. Une vision optimiste pousserait ainsi à penser que la formation porterait ses fruits.

Enfin, une dernière hypothèse, moins optimiste, peut être avancée : les réactions de l'institution scolaire face aux contestations, maintenant plus systématiques et donc plus connues, peuvent pousser des élèves à moins se manifester lors de ces cours afin de ne pas s'attirer de problèmes. En effet, croire que Dieu a créé le monde relève de la liberté de penser et ne peut être sanctionné si le bon déroulement du cours n'est pas menacé et le travail demandé fourni, l'école ne demandant pas l'adhésion. En revanche, se rendre coupable de propos antisémites ou refuser d'étudier un texte d'un philosophe est sanctionnable.

Des difficultés visibles sur tous les territoires, mais des banlieues populaires et des REP un peu plus touchés

Tous les territoires semblent aujourd'hui concernés par ces formes de contestation : écoles, collèges et lycées, territoires urbains et ruraux, et ce, quelle que soit la région. De fait, si les difficultés sont plus importantes dans certains espaces, nous ne pouvons pas affirmer aujourd'hui que les problèmes sont localisés.

Toutefois, les difficultés se révèlent plus marquées dans les banlieues populaires. Les professeurs y exerçant rencontrent ainsi plus de problèmes. Ils sont 72 % (contre un peu plus d'un sur deux en moyenne) à avoir constaté des contestations ou des tentatives de soustraction à des enseignements au sein de leur établissement ou à en avoir entendu parler. Les questions liées à la restauration scolaire (66 % contre 40 %) et aux sorties scolaires (48 % contre 33 %) y sont, par exemple, plus sensibles.

Cette plus grande acuité des difficultés se retrouve logiquement dans les établissements classés en REP même si, là aussi, les résultats montrent que tous les types d'établissements peuvent être concernés. Les professeurs sont ainsi plus nombreux à y avoir vécu des contestations d'enseignements (46 % en REP, 33 % hors REP), des revendications religieuses lors de sorties pédagogiques (43 % en REP, 30 % hors REP) ou des demandes de port de signes religieux (44 % en REP, 30 % hors REP).

Le secondaire davantage concerné mais le primaire loin d'être épargné

Les professeurs de collège semblent davantage confrontés à ce type de difficultés liées à des revendications ou des contestations (46 % des professeurs en font état en collège, 38 % en lycée contre 26 % dans le premier degré). Notons que le premier degré n'est pas épargné. Ainsi, 27 % de ses professeurs disent avoir déjà été confrontés à des problèmes liés au port de signes religieux, quand logiquement le problème est plus sensible au lycée, où 42 % des professeurs en font état, tout en étant également très présent dans les collèges (38 %). Ces derniers sont, en revanche, plus touchés par un certain nombre de contestations liées à certaines disciplines. Ainsi, les professeurs qui y enseignent sont 55 % à faire état de contestations lors de cours d'éducation physique et sportive (EPS) contre 29 % en lycée ; ils sont 39 % à déclarer de tels faits pour des cours d'histoire-géographie contre 19 % au lycée, par exemple. Mais c'est dans ce dernier type d'établissement que les contestations liées à l'enseignement moral et civique (EMC) sont les plus importantes, 38 % contre 27 % en collège, peut-être quand tend à s'affirmer et à s'installer une vision du monde qui entre directement en confrontation avec ce que propose la République.

L'hommage à Samuel Paty, une illustration des problèmes actuels

Le moment de l'hommage à Samuel Paty le 2 novembre 2020 dans les écoles, collèges et lycées apparaît dès lors comme une illustration de ce que l'on vient d'analyser. 19 % des professeurs disent avoir constaté au moins une forme de contestation ou de désapprobation lors des cérémonies d'hommage à l'enseignant assassiné, soit près d'un sur cinq, et d'abord dans le second degré (26 % contre 11 % dans le premier degré). Ce pourcentage monte à 34 % en REP, soit à plus d'un enseignant sur trois. Ces chiffres sont assez proches de ceux portant sur la proportion d'enseignants déclarant avoir été régulièrement ou plusieurs fois exposés à des formes de contestation. Cet étiage correspond à un noyau dur d'établissements dans lesquels ces attitudes sont assez enkystées et se sont une nouvelle fois manifestées lors du moment très particulier et pourtant solennel qu'a été l'hommage à Samuel Paty.

Rappelons que les deux heures de concertation prévues par le ministère avant la prise en charge des élèves le matin ont finalement été supprimées (pas partout, d'ailleurs, des chefs d'établissement ayant fait le choix de les conserver), ce qui a mis des enseignants en difficulté face aux élèves. Ces deux heures qui devaient permettre aux professeurs d'échanger, de se mettre éventuellement d'accord sur un discours, de travailler ensemble à des stratégies pédagogiques auraient-elles pu permettre d'éviter cette situation ? Rien n'est moins sûr, même si les échanges entre pairs auraient eu pour effet de limiter les possibilités de manifestations.

Les jeunes enseignants ont constaté plus d'atteintes (36 %) que la moyenne des professeurs, sans doute parce qu'ils sont davantage présents dans les établissements classés en REP. Ils disposent également de moins d'expérience que leurs aînés pour désamorcer ou prévenir ce genre de réactions.

Il est intéressant de confronter ces résultats aux chiffres officiels remontés par le ministère de l'Éducation nationale qui annonçait 793 faits, plus ou moins graves, au 18 novembre 2020 tout en indiquant que d'autres continuaient d'être signalés. Si nous nous référons aux résultats de notre enquête, ces chiffres semblent bien en dessous de ce que fut la réalité des contestations et manifestations de tensions lors de l'hommage rendu à Samuel Paty, témoignant en cela, malgré les discours volontaristes répétés de Jean-Michel Blanquer, du fait que les incidents ne sont pas tous signalés et remontés, loin de là ! Cela nous permet d'avancer que, si les chiffres du ministère sont élevés (l'équivalent de l'ensemble des incidents de l'année 2019 en un mois), montrant que la culture de la dissimulation, la fameuse « poussière sous le tapis » ou le non moins fameux « pas de vagues » sont en train de changer peu à peu, une sous-estimation de la réalité demeure.

Nous pouvons avancer trois raisons principales qui pourraient expliquer cette faiblesse relative des remontées. La première tient à la nature des incidents, lesquels, dans leur grande majorité, sont gérés à l'intérieur des classes par les professeurs eux-mêmes et ne font très souvent même pas l'objet d'un signalement auprès de la hiérarchie directe car ils apparaissent comme mineurs. La deuxième tient au fait que nombre d'enseignants continuent d'agir avec prudence vis-à-vis des remontées d'incidents, ne veulent pas se rendre responsables de ce que certains voient comme des « dénonciations » et/ou une « stigmatisation » de leurs élèves, véhiculant de fait une vision compassionnelle. Certains peuvent préférer taire cette réalité, ce qui a pour résultat de ne pas venir en aide à leurs élèves dont les comportements, au-delà des problèmes de fond qu'ils posent, sont autant de signes d'une éventuelle radicalisation et donc de mise en danger de jeunes élèves.

Enfin, il n'est pas interdit de penser que les hiérarchies intermédiaires, malgré les discours engagés et volontaristes du ministre lui-même, continuent à ne pas faire remonter les problèmes, tendant à les minimiser afin de ne pas donner à ces questions une publicité négative qui, pensent-ils, rejaillirait sur le ou les établissements concernés, voire sur leur propre personne. Les incidents qui remontent par « la bande » tendent à confirmer que les vieux réflexes perdurent par endroits…

Manque de soutien, autocensure et complaisance

Les personnels de direction, premiers interlocuteurs en cas de difficultés

84 % des enseignants ayant été témoins ou ayant eu connaissance d'une contestation d'enseignement l'ont signalé et 16 % n'ont rien dit. Les professeurs privilégient alors les « perdir » (personnels de direction) de leur établissement (56 %) mais très peu se tournent vers le référent du rectorat (5 %). Les « pairs » (collègues) sont les récepteurs des informations à hauteur de 44 %, mais rien ne garantit qu'ils agissent ou engagent une procédure. Notons que les professeurs en REP signalent plus facilement les incidents (92 % contre 81 % hors REP).

Partout, la démarche de signaler au rectorat s'avère très faible. C'est un chemin qui n'est pas privilégié, soit par méconnaissance des circuits (le formulaire de saisie), soit par plus grande et rapide accessibilité des « perdir », soit par volonté de ne pas ébruiter le problème en dehors de l'établissement.

Le sentiment d'un soutien incomplet face aux difficultés rencontrées

Le taux de signalement aux « perdir » est plutôt bas (56 %), même s'il est le plus élevé. Signaler les problèmes à sa direction devrait être le chemin logique permettant une prise en charge efficace et rapide de la difficulté rencontrée. Peut-être faut-il aller chercher les causes de ce taux relativement faible du côté du sentiment d'absence de soutien, et donc dans la confiance relative des enseignants envers leurs « perdir ». De fait, seuls 54 % des enseignants disent avoir reçu un soutien total, taux qui monte à 86 % chez ceux qui affirment avoir obtenu un soutien partiel, c'est-à-dire jugé incomplet. Ces taux descendent bien plus bas quand il s'agit du rectorat puisqu'ils ne sont que 21 % à affirmer avoir trouvé un soutien total de ce côté-là (54 % s'agissant d'un soutien partiel).

Par conséquent, le soutien vient plutôt des pairs puisque 73 % des enseignants ont reçu là un soutien total. La solidarité semble jouer entre collègues, davantage qu'avec les différentes institutions ou hiérarchies. Ainsi, en dehors du lycée où le soutien total entre collègues n'atteint que 51 %, il monte à 80 % en collège, une structure en général plus petite et dans laquelle les professeurs sont davantage en contact les uns avec les autres. Notons néanmoins que les professeurs contractuels se sentent moins soutenus par rapport aux agrégés et aux certifiés : la précarité économique semble donc se doubler d'une plus grande précarité professionnelle.

Il est à noter, alors que nous pourrions penser que les difficultés devraient pousser les enseignants à faire bloc, que le soutien des collègues est un peu moins affirmé en REP ainsi que dans les banlieues populaires. On ne peut s'empêcher d'émettre l'hypothèse que nous pourrions retrouver ici la difficulté d'une frange minoritaire des enseignants, notamment ceux qui sont confrontés à ces problèmes mais ne veulent pas apparaître comme ceux qui « stigmatiseraient » leurs élèves, à dénoncer les contestations et atteintes.

Les personnels de direction trop complaisants pour un tiers des enseignants

30 % des professeurs jugent la réaction des personnels de direction trop complaisante et n'en sont pas satisfaits. Ce constat rejoint donc logiquement ici le problème du sentiment de manque de soutien lors des déclarations d'incidents ou de contestations. L'impression de complaisance vis-à-vis des manquements des élèves est plus sensible au lycée (38 %) et en REP (40 % contre 28 % hors REP), témoignant en cela d'un besoin de soutien plus fort de la part des enseignants qui travaillent dans ces établissements, ce qui rejoint l'idée que le soutien attendu n'est pas toujours au rendez-vous.

Les enseignants de moins de 30 ans sont moins prompts à juger complaisantes les réactions de leur hiérarchie (19 %) et plus nombreux à les trouver trop fermes (24 %, contre 4 % pour les 40-49 ans). Nous pouvons peut-être y voir une plus grande propension à une analyse compassionnelle des situations.

Une intériorisation des risques : l'autocensure en progression

Le phénomène d'autocensure, c'est-à-dire le fait de choisir de ne pas aborder certains sujets ou thèmes ou de ne les aborder que partiellement afin d'éviter des confrontations toujours pénibles, souligne les difficultés que peuvent rencontrer les enseignants. Ce phénomène semble être en progression, marquant une intériorisation des risques, qui ne peut être que plus aiguë après l'assassinat de Samuel Paty. Ainsi, un professeur sur deux (49 %) dit s'être déjà autocensuré dans le secondaire (contre 36 % en 2018).

Ils ne sont heureusement que 5 % à déclarer s'autocensurer régulièrement (7 % en REP), mais ce sont deux points de plus qu'en 2018. Ce taux monte à 27 % si nous y ajoutons les réponses « de temps en temps », ce qui équivaut à plusieurs fois durant l'année scolaire. Nous assistons là à une nette poussée car nous sommes passés de 10 % à 22 % entre 2018 et aujourd'hui, poussée qui vient confirmer l'aggravation de la situation. Cette autocensure est très marquée chez les enseignants de moins de 30 ans (68 % et 15 % régulièrement, soit un jeune enseignant sur sept), mais aussi chez les professeurs de lycée (62 % se sont déjà autocensurés contre 46 % en collège, où ils sont cependant 9 % à le faire régulièrement).

Sans surprise au regard des résultats précédents de l'enquête, l'autocensure semble être plus prégnante dans les banlieues populaires (11 % des enseignants y travaillant déclarent y recourir) mais reste importante dans tous les espaces (31 % des professeurs disent y céder régulièrement et de temps en temps par exemple en ville-centre).

Conclusion

Moins homogène culturellement qu'à une époque mais aussi tiraillé entre une injonction au plaisir professionnel et de réelles difficultés au quotidien, le monde enseignant est également soumis aux évolutions de notre société. Une fracture générationnelle semble se dessiner entre de jeunes professeurs et les autres générations ancrées dans une culture laïque et républicaine davantage affirmée. Cette partie plus jeune du corps enseignant apparaît en effet plus encline à adhérer, à l'instar de la jeunesse française, à des conceptions proches d'une vision anglo-saxonne de la tolérance comme du rapport du politique aux religions et aux individus. Ce constat se vérifie non seulement dans le lien des jeunes fonctionnaires aux religions et au principe de laïcité, mais également face aux difficultés qu'entraîne une prégnance de plus en plus importante du religieux à l'école.

Les enseignants doivent aujourd'hui affronter des contestations, des évitements de cours, des revendications liés à la question religieuse. Les pressions se font plus fortes sur un corps qui apparaît de moins en moins soudé sur ces questions et qui ne se sent pas toujours soutenu comme il le souhaiterait. Heureux dans son travail bien qu'en proie à des risques de violences ou de remise en cause de ses discours, mais aussi à une forte nécessité sociale, le monde des professeurs souffre.

Les défis auxquels est confrontée aujourd'hui la société française, notamment dans certains espaces, demandent la mobilisation de la République, dont les enseignants sont les premières lignes. Faire en sorte que les jeunes enseignants adhèrent au modèle républicain laïque et en comprennent la philosophie et l'intérêt est un des enjeux des années qui viennent. Le rapport commandé par Jean-Michel Blanquer à l'ancien inspecteur général Jean-Pierre Obin[1] tout comme la création d'un oral de concours dédié aux valeurs de la République témoignent de la volonté ministérielle d'outiller intellectuellement les fonctionnaires[2]. Charge à l'administration mais aussi aux INSPÉ, qui dépendent des universités, de mettre en œuvre les nécessaires recommandations et formations, mais aussi aux pouvoirs publics de faire en sorte que les problèmes de communication

1. Jean-Pierre Obin, « La Formation des personnels de l'Éducation nationale à la laïcité et aux valeurs de la République », avril 2021, rapport remis au ministre le 18 mai 2021.

2. La mise en place des équipes « Valeurs de la République » dans chaque académie et du Conseil des sages de la laïcité par le ministre vont également dans le sens d'un engagement accru de l'institution.

internes aux établissements ne nuisent plus au climat de confiance nécessaire au bon fonctionnement de l'école. Un professeur doit pouvoir s'adosser à son institution tout comme sa souffrance au travail doit être entendue. La République et son école ne pourront répondre présent si trop d'enseignants sont épuisés ou découragés.

Table des matières

Reconnue d'utilité publique dès sa création, la Fondation Jean-Jaurès est la première des fondations politiques françaises. Indépendante, européenne et sociale-démocrate, elle se veut depuis vingt-cinq ans un lieu de réflexion, de dialogue et d'anticipation. Les partenariats éditoriaux qu'elle engage répondent à l'ambition de faire naître analyses pertinentes et propositions audacieuses, mais aussi de mettre cette production intellectuelle et politique au service de tous. Gilles Finchelstein et Laurent Cohen sont directeurs des publications de la Fondation Jean-Jaurès.

En coédition avec la Fondation Jean-Jaurès (extrait)

Richard Bouigue, Pierre Rondeau, *Le foot va-t-il exploser ? Pour une régulation du système économique du football*

Jean-Laurent Cassely, Thierry Germain (dir.), *La France qui vient. Cahier de tendances 2020*

Xavier Crettiez, Bilel Ainine, *« Soldats de Dieu ». Paroles de djihadistes incarcérés*

Julien Damon, *Inconfinables ? Les sans-abri face au coronavirus*

Jean-Marie Durand, Thierry Germain (dir.), *Cahier de tendances 2021. Les personnes, les objets, les lieux et les idées qui vont tout changer*

Ismail Ferhat (dir.), *Les foulards de la discorde. Retours sur l'affaire de Creil 1989*

Ismail Ferhat, *Des discriminations sous-estimées ? Les musulmans en France*

Jérôme Fourquet (dir.), *Karim vote à gauche et son voisin vote FN*

Jérôme Fourquet, Sylvain Manternach, *L'an prochain à Jérusalem ? Les Juifs de France face à l'antisémitisme*

Mathieu Fulla, Marc Lazar, *Les socialistes européens et l'État*

Adeline Hazan, Adrien Taquet, *La prison : alpha et oméga de la punition ?*

Hervé Le Bras, *Serons-nous submergés ? Épidémie, migrations, remplacement*

Guillaume Lecointre, Sarah Proust (dir.), *Le fait en question*

Gilles Luneau, *Steak barbare. Hold-up végan sur l'assiette*

David Ménascé, Pierre Victoria, *Entreprises et territoires : nouvelle alliance ?*

Cas Mudde, Cristóbal Rovira Kaltwasser, *Brève introduction au populisme*

Anne Muxel, *Politiquement jeune*

Pierre Rondeau, *Fin de partie pour le foot ?*

Collectif Télémaque, *La gauche du réel. Un progressisme pour aujourd'hui*

La Clairière des LIVRES

Pour chaque titre d'un livre imprimé, un arbre est planté dans une forêt de 15 hectares en Centre Bretagne.

www.typolibris.fr (by Printcorp)

Pour limiter l'empreinte environnementale
de leurs livres, les éditions de l'Aube
font le choix de papiers issus de forêts
durablement gérées et de sources contrôlées.

Achevé d'imprimer en août 2021
sur les presses de l'imprimerie Print Corp
pour le compte des éditions de l'Aube
331, rue Amédée-Giniès,
F-84240 La Tour d'Aigues

Numéro d'édition : 4490
Dépôt légal : septembre 2021
Numéro d'impression :

Imprimé dans l'Union européenne